VENTE

du Mercredi 6 Mars 1901

HOTEL DROUOT, SALLE Nº **7**

à trois heures

Collection de M. W*** de Londres

TABLEAUX

ANCIENS

Mᵉ PAUL CHEVALLIER, commissaire-priseur

M. J. FÉRAL, expert

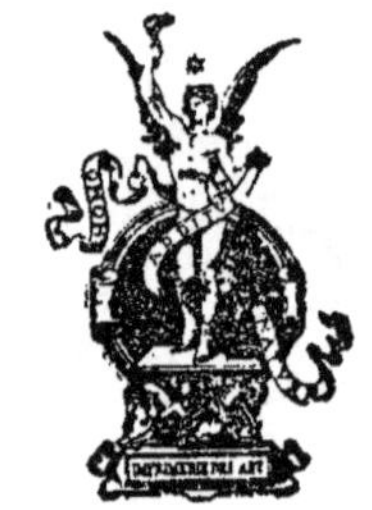

CATALOGUE

DE

TABLEAUX

ANCIENS

PAR

CAMPHUYSEN, G. COQUES, VAN DRYNUM, D. DE HEEM,

G. DE HEUSCH, HUGTENBURG, PH. DE KONINCK, MINDERHOUT,

J. MOUCHERON, P. NOLPE, NONNOTTE, SLINGELAND,

STEENWYCK, STOOP,

D. TIEPOLO, F. TORBIDO, A. VAN DE VELDE, ETC.

Composant la collection de M. W* de Londres**

Et dont la vente aura lieu

HOTEL DROUOT, SALLE N° 7

Le Mercredi 6 Mars 1901

A TROIS HEURES

<table>
<tr><td>COMMISSAIRE-PRISEUR
Mᵉ P. CHEVALLIER
10, rue Grange-Batelière, 10</td><td>EXPERT
M. J. FÉRAL
54, Faubourg Montmartre, 54</td></tr>
</table>

EXPOSITION PUBLIQUE

Le Mardi 5 Mars, de 1 h. 1/2 à 5 h. 1/2

CONDITIONS DE LA VENTE

Elle sera faite au comptant.

Les adjudicataires paieront *dix pour cent* en sus des enchères.

Paris.—Imprimerie de l'Art, E. Moreau et Cie, 41, rue de la Victoire.

ORDRE DE LA VACATION

43 — ÉCOLE HOLLANDAISE. Portrait d'un Officier.

44 — ÉCOLE HOLLANDAISE. Portrait d'Artiste.

45 — ÉCOLE HOLLANDAISE. Vue d'un escalier monumental.

10 — HALS (Attribué à Dirk). Le Festin en plein air.

11 — HALS (Attribué à Dirk). La Partie de chant.

12 — HEEM (Cornelis de). Fruits et objets divers sur une table.

20 — MINDERHOUT (Henri Van). Marine par un temps calme.

25 — NOLPE (Pierre). Ferme hollandaise.

26 — NONNOTTE (Donat). Portrait de Femme.

31 — SLINGELAND (Pierre Van). La Dentellière.

32 — STEENWYCK (Henri Van). Fruits et Nature morte.

33 — STOOP (Thierry). Le Cheval blanc.

6 — COOUES (Gonzalès). Portrait d'Homme.

2 — CAMPHUYSEN (Govert). Portrait d'une Famille hollandaise.

3 — CUYP (Attribué à Albert). Cavalier dans un paysage.

4 — CUYP (Genre d'Albert). Chevaux à l'abreuvoir.

5 — CUYP (D'après Albert). Un Cheval de selle.

7 — DRYNUM (J.-B. Van). Fruits et objets inanimés.

19 — LAWRENCE (Attribué à Sir Thomas). Portrait de Mrs. Locke.

24 — NEER (Genre de Art Van der). Un Canal en Hollande.

28 — REMBRANDT (D'après). Vieille Femme lisant.

29 — REMBRANDT (D'après). Buste d'Homme riant.

46 — ÉCOLE ITALIENNE. Portrait d'Homme.

47 — ÉCOLE ITALIENNE. Saint Georges combattant le démon.

48 — ÉCOLE ITALIENNE. Cérémonie d'un Mariage.

DÉSIGNATION

TABLEAUX

BEYEREN (Attribué à A. Van)

1 — *Poissons sur un étal.*

Toile. Haut., 46 cent.; larg., 52 cent.

CAMPHUYSEN (Govert)

2 — *Portrait d'une Famille Lollandaise.*

Représentée dans un paysage sur une route ombragée de vieux arbres.

A gauche, dans un champ, des vaches au repos. Plus loin, un canal.

Bon et important tableau.

Signé au centre en toutes lettres.

Toile. Haut., 89 cent.; larg., 50 cent.

CUYP (Attribué à Albert)

3 — *Cavalier dans un paysage.*

Monté sur un cheval noir, il tient une cravache tendue vers la droite.

Au second plan, un troupeau de bœufs et de moutons au repos, sous la garde de bergers.

Cadre en bois sculpté.

Toile. Haut., 60 cent.; larg., 81 cent.

CUYP (Genre d'ALBERT)

4 — *Chevaux à l'abreuvoir.*

Trois d'entre eux sont à mi-corps dans la rivière, deux autres sur la berge montés par des cavaliers portant de larges chapeaux de feutre.

Cadre en bois sculpté.

Bois. Haut., 31 cent.; larg., 40 cent.

CUYP (D'après ALBERT)

5 — *Un Cheval de selle.*

Attaché par la bride à une barrière, un chien auprès de lui.

Cadre en bois sculpté.

Toile. Haut., 35 cent.; larg., 28 cent.

COQUES (GONZALÈS)

6 — *Portrait d'Homme.*

Vu jusqu'aux genoux, presque de face, en vêtement noir, un manteau drapé sur le bras droit; il porte les cheveux longs pendant sur les épaules et une collerette plate.

Dans le fond, un rideau tendu devant un portique.

Bois. Haut., 37 cent.; larg., 26 cent.

DRYNUM (J.-B. VAN)

7 — *Fruits et objets inanimés.*

Des huîtres sur un plateau, des cerises, des citrons, une poivrière d'argent, sur un tapis bleu couvrant une table de bois.

Signé et daté 1659.

Bois. Haut., 21 cent.; larg., 27 cent.

GAINSBOROUGH (Genre de)

8 — *Danse Champêtre.*

Un jeune homme en habit bleu, culotte courte, et une jeune femme en jupe rose, corsage marron, coiffée d'un petit chapeau gris, dansent en se tenant par les mains croisées derrière le dos.

Un musicien est assis sur un tertre.

Dans la campagne, des enfants jouant avec une colombe.

Cadre en bois sculpté.

Toile. Haut., 63 cent.; larg., 5o cent.

GOYEN (Genre de JEAN VAN)

9 — *Bateaux de pêche.*

Ils sont amarrés sur une berge à droite de la composition.

Bois. Haut., 29 cent.; larg., 37 cent.

HALS (Attribué à DIRK)

10 — *Le Festin en plein air.*

Une élégante compagnie est réunie autour d'une table, un gentilhomme debout lève son verre en l'honneur d'une dame en grande collerette, assise au centre de la composition.

Bois. Haut., 47 cent.; larg., 83 cent.

HALS (Attribué à DIRK)

11 — *La Partie de Chant.*

Trois dames élégamment vêtues et portant de larges collerettes de guipure ou de dentelle sont assises autour d'une table, où des partitions sont ouvertes.

Cadre en bois sculpté.

Bois. Haut., 23 cent.; larg., 29 cent.

HEEM (Cornelis de)

12 — *Fruits et objets divers sur une table de pierre.*

Des raisins, des pêches, des prunes, des nèfles, une huître ouverte, près d'un vidrecome sur une table de pierre en partie couverte d'un tapis bleu frangé d'or.

Joli tableau finement exécuté.

Signé à gauche en toutes lettres.

Cadre en bois sculpté.

Bois. Haut., 25 cent.; larg., 33 cent.

HELST (École de Van der)

13 — *Portrait de Dame.*

En busté, les cheveux bouclés et tombant sur les épaules, elle porte un corsage vert décolleté à guimpe de guipure.

Bois. Haut., 5o cent.; larg., 40 cent.

HEUSCH (Guillaume de)

14 — *Paysage d'Italie.*

Au premier plan, sur une route, des pâtres et leurs troupeaux. Plus loin, un cours d'eau; à l'horizon, des collines.

Toile. Haut., 44 cent.; larg., 64 cent.

HUGTENBURG (Jean Van)

15 — *Combat de Cavaliers.*

Ils sont sous une grotte aux prises avec des soldats à pied.
Des blessés sont étendus sur le sol.
Cadre en bois sculpté.

Toile. Haut., 53 cent.; larg., 64 cent.

KEYSER (Genre de Thomas de)

16 — *Portrait d'un Géographe.*

Debout, vêtu de noir, la main droite appuyée sur une table et tenant un compas.

Bois. Haut., 62 cent.; larg., 42 cent.

KONINCK (Philippe de)

17 — *Portrait d'un Officier.*

Représenté à mi-corps dans un médaillon de forme ovale; il porte une cuirasse sur un habit jaune brodé d'or, une écharpe rouge et un col de guipure; les cheveux longs et pendant sur les épaules.
Signé et daté 1664.

Toile. Haut., 76 cent.; larg., 62 cent.

LANCRET (Genre de)

18 — *Danseuses dans un parc.*

Au centre et en arrière, un joueur de flûte devant un bouquet d'arbres.

Toile. Haut., 59 cent.; larg., 76 cent.

LAWRENCE (Attribué à Sir Thomas)

19 — *Portrait de Mrs Locke.*

En buste, tourné vers la gauche, corsage rose décolleté et collier de corail.

Toile. Haut., 5o cent.; larg., 38 cent.

MINDERHOUT (Henri Van)

20 — *Marine par un temps calme.*

Au large, des vaisseaux à voiles. Au premier plan, un bac chargé de personnages quittant la rive.

Toile. Haut., 6o cent.; larg., 88 cent.

MOLYN (D'après Pierre)

21 — *Paysage avec animaux et figures.*
Cadre en bois sculpté.

Bois. Haut., 3i cent.; larg., 5i cent.

MORONI (D'après)

22 — *Portrait d'une Dame de qualité.*

En robe noire, col et manchettes plissées, elle est assise dans un fauteuil, accoudée et tenant un livre.
Cadre en bois sculpté.

Toile. Haut., 93 cent.; larg., 76 cent.

MOUCHERON (Isaac)

23 — *Paysage italien.*

Animé de figures de bergers et d'animaux.
Cadre en bois sculpté.

Toile. Haut., 6i cent.; larg., 74 cent.

NEER (Genre de ART VAN DER)

24 — *Un Canal, en Hollande.*

Effet de clair de lune.
Cadre en bois sculpté.

Bois. Haut., 32 cent.; larg., 42 cent.

NOLPE (PIERRE)

25 — *Ferme Hollandaise.*

Des paysans s'entretiennent dans un champ devant des chaumières entourées d'arbres.

A droite, sur une route, un cavalier suivi d'un
chien et d'une femme chargée d'un panier.

Signé du monogramme et daté 1630.

Bon paysage dans la manière de J. VAN GOYEN.

Bois. Haut., 38 cent.; larg., 65 cent.

NONNOTTE (DONAT)

26 — *Portrait de Femme.*

Assise et tournée de trois quarts vers la gauche,
elle porte une robe de soie bleue à nœuds de
rubans et ornée de dentelles, un bonnet sur ses
cheveux poudrés, relevés, serrés par une mantille
nouée sous le menton.

Toile. Haut., 74 cent.; larg., 61 cent.

OSTADE (Genre d'ISAAC VAN)

27 — *Les Mendiants.*

Ils se présentent en groupe à la porte d'une ha-
bitation rustique.

Bois. Haut., 31 cent.; larg., 26 cent.

REMBRANDT (D'après)

28 — *Vieille femme lisant.*

Bois. Haut., 29 cent.; larg., 24 cent.

REMBRANDT (D'après)

29 — *Buste d'Homme riant.*

Bois de forme ovale.

Haut., 55 cent.; larg., 42 cent.

RUBENS (École de)

30 — *Portrait de Philippe IV d'Espagne.*

Vu de face, à mi-corps, en vêtement noir, portant les ordres de la Toison d'or.
Cadre en bois sculpté.

Toile. Haut., 80 cent.; larg., 64 cent.

SLINGELAND (Pierre Van)

31 — *La Dentellière.*

Elle est assise près de l'âtre dans un intérieur villageois.
Une cafetière d'argent, un pannier d'osier et un gobelet de cuivre sont posés à droite sur une table couverte d'un tapis bleu.

Bois. Haut., 34 cent.; larg., 44 cent.

STEENWYCK (Henri Van)

32 — Fruits et Nature morte.

Des pêches, une pomme, des coings, des cornichons, un oiseau mort sur une table de pierre où l'on remarque encore, à droite, une cruche et une étoffe de soie bleue.

Bon et intéressant tableau d'une tonalité claire.
Signé à gauche et daté 1645.

Bois. Haut., 36 cent.; larg., 37 cent.

STOOP (Thierry)

33 — Le Cheval blanc.

Dans une cour de ferme, un cheval blanc sellé se tient près d'une auge qu'un paysan va remplir d'un panier d'avoine.

A droite, deux personnages, un troupeau de moutons et des ustensiles divers.

Bois. Haut., 45 cent.; larg., 47 cent.

TENIERS (D'après)

34 — Le Fumeur.

Assis, coiffé d'un bonnet rouge et allumant sa pipe.

Dans le fond, un second personnage vu de dos.

Toile. Haut., 68 cent.; larg., 56 cent.

TIEPOLO (Dominique)

35 — Un Massacre chrétien.

Des figures allégoriques, portées sur les nues, tiennent une palme et une couronne.

Cadre en bois sculpté.

Bois. Haut., 81 cent.; larg., 53 cent.

TORBIDO (François)
dit le More de Vérone

36 — *Portrait d'un Sénateur en robe d'apparat.*

Vu jusqu'à la ceinture, coiffé d'une toque noire, ses gants blancs à la main.

Un rideau vert est tendu sur le fond.

Cadre en bois sculpté.

Toile. Haut., 1 m. 2 cent.; larg., 28 cent.

VELDE (Adrien Van de)

37 — *Paysage avec rivière et pont de pierre.*

Un pâtre pousse devant lui son troupeau passant un pont auquel accède une route ravinée.

Devant une tour, un buveur attablé cause avec une servante.

Un cavalier mène ses chevaux à l'abreuvoir.

Au premier plan, deux pêcheurs à la ligne.

Important tableau ayant subi de malheureuses restaurations.

Signé au centre en toutes lettres.

Toile. Haut., 74 cent.; larg., 1 m. 20 cent.

VELDE (Attribué à W. Van de)

38 — *Marine par un temps d'orage.*

Plusieurs bateaux sous un ciel chargé de nuages.

Cadre en bois sculpté.

Toile. Haut., 50 cent.; larg., 75 cent.

VELDE (Genre de W. Van de)

39 — *Une Tempête en mer.*

Des vaisseaux sont en détresse parmi les va-
gues, les voiles gonflées par le vent.

Toile. Haut., 43 cent.; larg., 70 cent.

VOS (Cornelis de)

40 — *Portrait d'Homme.*

En buste, tourné vers la droite, le regard de
face, il porte une collerette blanche sur un véte-
ment noir et un grand chapeau à larges bords.

Bois. Haut., 13 cent.; larg., 46 cent.

ÉCOLE ANGLAISE

41 — *Portrait de William Windham.*

Tourné de trois quarts à gauche, en habit vert
olive, les cheveux poudrés et bouclés.

Toile. Haut., 73 cent.; larg., 61 cent.

ÉCOLE HOLLANDAISE

42 — *Les Joueurs de trictrac.*

Trois joueurs sont assis autour d'une table fai-
sant la partie, tandis que dans le fond on aperçoit
par une porte un homme embrassant une femme.

Au premier plan, un gentilhomme en chapeau
à plumes rouges, la pipe à la bouche, assis les
jambes croisées devant une table de fumeur.

Cadre en bois sculpté.

Toile. Haut., 52 cent.; larg., 47 cent.

ÉCOLE HOLLANDAISE

43 — *Portrait d'un Officier.*

Représenté en armure, ceint d'une écharpe blanche brodée d'or ; debout, tenant le bâton de commandement, la main gauche appuyée sur une table couverte d'un tapis rouge où sont posés un casque à plumes blanches et un gantelet de fer.

Bois. Haut., 60 cent.; larg., 37 cent.

ÉCOLE HOLLANDAISE

44 — *Portrait d'Artiste.*

Vu à mi-corps, vêtu de noir, tourné vers la gauche, le visage presque de face, la main droite sur la poitrine.

Bois. Haut., 24 cent.; larg., 24 cent.

ÉCOLE HOLLANDAISE

45 — *Vue d'un escalier monumental.*

Il est décoré de statues, de vases et d'un cartouche à figures d'amours.

Devant une fontaine, plusieurs personnages : Dames et gentilshommes.

Cadre en bois sculpté.

Toile. Haut., 61 cent.; larg., 77 cent.

ÉCOLE ITALIENNE

46 — *Portrait d'Homme.*

Vêtu de noir, les mains croisées et appuyées sur une table où on lit le millésime 1554.

Bois. Haut., 67 cent.; larg., 50 cent.

ÉCOLE ITALIENNE

47 — *Saint Georges combattant le démon.*

Dans le fond, un paysage accidenté avec rochers
et constructions.
Cadre en bois sculpté avec figures d'anges.
Bois. Haut., 56 cent.; larg., 78 cent.

ÉCOLE ITALIENNE

48 — *Cérémonie d'un Mariage.*

Esquisse comprenant de nombreux personnages.
Toile. Haut., 45 cent.; larg., 72 cent.